JN439202

크레바스

국립중앙도서관 출판예정도서목록(CIP)

크레바스 : 박수중 시집 / 지은이: 박수중. -- 대전 : 지혜, 2016
p. ; cm. -- (미네르바시선 ; 35)

ISBN 979-11-5728-186-2 03810 : ₩9000

한국 현대시[韓國現代詩]

811.7-KDC6
895.715-DDC23 CIP2016012522

크레바스

박수중 시집

시인의 말

이제 세상은 인간의 기억도 관리와 통제가 가능한 시대로
바뀌고 있습니다 지식뿐 아니라 감성과 정서도 빅데이터
등으로 처리하고 가공 활용되는 날이 올 것입니다
"볼레로" 이후 저의 관심은 이러한 현상을 어떻게 시의 세계로
변용變容하느냐 였습니다
여러 시편을 시도해 대부분 실패에 그치고 말았지만
앞으로도 이러한 작업은 계속하려고 합니다
그것이야 말로 디지털정보화 시대로 급변하는 인간의 정서를
새롭게 개척 정립하는 길이라고 믿기 때문입니다
그리고 이번에는 문명으로 규격화 하는 사회의 폭력성과
IT발전에 따른 지나친 반자연적 양태에 대하여도
쓰고 싶었습니다

2016년 봄
有 餘

차례

1부 크레바스

2부 사만다에게

3부 잊혀질 권리

4부 규격론

5부 신 오스트랄로피테쿠스

1부

크레바스

크레바스crevasse

수만 년 쌓인 빙하의 틈이
눈雪에 반사하는 빛의 무게만큼 조금씩 부서졌다

레이니에 산* 정상부근의 능선에서
처음 눈길의 균열에 부닥쳤을 때
내심 그 정도는 건너뛰어야지 하면서도
결국 2미터의 긴장을 뛰어넘지 못했다

뛰어오르면 그대로 공중에서 정지할 것 같은
그 가늠할 수 없는 추락의 끝에는 무엇이 있을까
수만 년의 얼음이 단층을 이룬
아득한 적막의 나락에는
부패되지 않은 그 옛날의 세월들이
따로 살고 있는 건 아닐까
큰 소리로 부르면 암흑의 저편에서
수만 년 동안 잠들었던 목소리가 깨어나 반향하고
잊혀진 공룡의 얼음속 화석처럼, 누군가
녹혀 줄 날을 기다리고 있을지도 모른다

그후로도 오랫동안 그 순간 이상

칼날 위에 선 고독을 마주한 적 없었으니
살아간다는 건 무의식의 틈을 건너는
우연의 연속이라는 걸 그때는 알지 못했다

* Mt Rainier : 미국 워싱톤주 소재 국립공원(4392m).

늙은 토루소torso

이십대의 바람風은 다시 돌아올 거라며
떠날 때의 정표로
누구도 만질 수 없게 팔을 달라고 했다
사십대의 강江은 헤어질 때
재회의 믿음을 기화로
어디에도 건너가지 못하게 다리를 떼어갔다
육십대 산山은 관계가 영원하려면
심장만 있으면 되니 생각을 하지 못하도록
한눈 파는 머리를 가져갔다

그후로는 시간도 생각도 없고
세상에도 잊혀졌다
남은 가슴胸像이 할 수 있는 일은
속에 스스로 뜨거운 불을 지피며
오로지 그 자리에 있는 것뿐
나무 그루터기처럼 지켜왔다
비가 내리고 엷어진
구름의 흰 가장자리를

허공을 메꾸다
— b-boying*

비트beat를 타고 몸을 꺾었다가
다시 말미잘처럼 흐느적거려요
빠른 춤사위로
땅과 허공사이를 메꾸어 가요
양손으로 번갈아 물구나무를 섰다가
머리를 땅에 박고 몸을 팽이돌려요
그리고는 팔을 뻗어 한손으로
지구를 떠받들어 돌려요
거꾸로 보는 하늘이 세상이고
구름속으로 세월이 지나가지요
척추가 땅을 튕길 때는
자치기하던 아련한 어린시절로
돌아가기도 합니다
그래도 아픈 마음은 어쩔 수 없어요
동작을 중지할 수 없는 까닭은
지구의 중력으로도 끌어당겨지지 않는
깊은 허공의 슬픔 탓이지요
물결치듯 몸짓이 이어지고 이어지고
끝없이 허공을 허무를 환상幻想으로 채워가요
하지만 어차피 여백餘白이 더 커 허망하지요

* 비보이의 춤, break dance라고도 함.

풀등

모래사막이 바다 위에 떠 있어요
멀리서 보면 거대한 고래가
등을 내놓고 숨을 쉬는 줄로 착각하지요
달과 바람의 교감交感에 따라
썰물 때 물위로 올라왔다가
밀물이 들어오면 물속으로 사라지기를
몇만년 반복해 왔겠죠
십리길이나 되어 안개 짙은 날은
그 안에서 위치를 잃을 수도 있어요
그런데 모래가
물밑에서 씻기고 새롭게 쌓이니까
늘 그전 세상이 아니지요
예전이 돌아올 수도 있어요
나는 그리로
지나간 세월이 떠오르길 기다려요
마치 중세 설화의 잊혀진 마을이
백년에 하루 지상으로 떠오르듯이
지상에서 흘러간 시간의 빛들이
시간이 진행하지 않는
해구海溝에 잠겨있다가

모래와 함께 물길의 골을 따라
등 위로 다시 오! 신기루처럼
나타날 수도 있는 것 아닐까요

* 바다와 강에 여러 형태가 있고 옹진군 대이작도가 모델.

연鳶 3

그대는 나의 연이어요
나는 인연이 끊어지지 않게
실에 기억의 아교를 듬뿍 먹였어요

그대가 공중으로 떠오른 처음에는
내가 보내는 신호에 따라
당기면 당기는 대로
풀어주면 풀리는대로
나를 향한 춤을 추며 기다렸지요
하지만 허공으로 오를수록
나와의 거리가 멀어지면서
때로는 긴장으로 팽팽하게
때로는 망각으로 느슨해지며
나의 얼레질이 잘 먹히지 않았어요

나는 홀로 땅위 타인의 세상에서
허공속으로 희미해지는
그대를 생각하며 한숨짓다가
끝내는 시간의 실이
세찬 세풍世風에 끊어지는 순간

의식의 끝 아득한
기억너머의 노을속으로
자취도 없이 사라지는 그대를
그만 놓치고 말았어요

다시, 강변역에서

전차는 철교를 건너
회색 허공속으로 사라져 갔다
살려나간 벌레의 몸통같은
역사驛舍 끝자락으로
하늘을 휘젓는 눈보라가
바람에 들이친다
불빛에 어른거리는 환영幻影을 지워버리며
계단을 내려와 어두운 회랑回廊의 끝에서
지나간 시간으로 전화를 걸어보지만
단절음뿐이다
출렁이는 검은 강물에
테크노마트 타워의 조명이
무거운 그림자를 드리우고
탑에 걸린 전자시계의 긴 초침처럼
불현 듯 다가온 마음속 메별袂別
길 건너 밤차가 쉴새없이
떠나는 시외버스 터미널
어둠을 향한 대합실 문을 열고 들어선다
행선지行先地는 여러 방면으로 갈려 있고
그 길들을 바라보며 생각한다 나는

결국 어디로도 돌아갈 수가 없다는 것을
켜켜이 쌓인 시간의 두께에 짓눌린 나는
기억의 추錘에 매달려 끝없이 추락한다

잔서殘暑

심한 열병熱病을 앓고 난후

미열微熱만 체념으로 남았다

아직은 차마 떠나지 못하고

서성이는 생각의 그늘로

소슬바람 불어와

짧아지는 날의 이마를 스친다

빈 시간의 집

숲의 끝자락
미로迷路의 골목을 지나면
추억이 고여 있던 집이 있었다
문을 열면 기다림에 지친 흙바닥과
긁힌 생채기투성이의 쪽마루
텅빈 방 하나가 덩그러니 놓여 있었다
방에는 창 하나 높이 나 있어
햇살이 비치면 고운 먼지가
기억을 투과透過하는
프리즘의 스펙트럼처럼
띠를 이루며 부유하고
구석으로는 더듬이가 긴 곤충들의
시간이 웅크리고 있었다
우두커니 밤이 오면
달빛이 대리석에 닿듯이 차가웠다

오랜 세월후 찾아간 그 집은
어디론가 밀려 사라지고 흔적이 없었다
그 자리에는 측백나무가 서 있었고
차가운 달빛만이 예전 그대로였다
그 뭉쳐있던 시간들은 다 어디로 갔을까

풍등風燈 스케치

한지韓紙로 차린 신방안
벌거벗은 신부의 몸에 불을 붙인다
원초의 열기 달아올라
서서히 검은 밤 하늘바다에
홍등 열락悅樂의 배 떠오르고

열망이 폭발하는
아득한 절정의 순간
산산히 흩어지는
시간의 잔해속으로
피안의 별들 스러진다

허리우드 극장

낙원동 낡은 악기상가 빌딩으로
흘러간 세상의 사람들이 흘러간 시절의 영화를 보러온다
잘난 사람도 못난 사람도 없고
시시각각 현란하게 움직이는 시대에 치인 사람들이다
일상에 남은 것은 오직 시간뿐인 듯
느긋하게 나타나 삼천오백원에 이발을 하고
탑골공원 담에 등을 기댄 술국집에서
나이만큼의 시름을 끓인 이천원짜리 꿀꿀이탕으로
아침겸 점심을 때우고는
재미가 웬만하면 하루종일 있을 요량으로
왕년往年에는 어엿한 개봉관이었으나
지금은 퇴락한 대가大家의 사랑방같은
4층 극장으로 올라간다

추억을 파는 경로 이천원짜리 티켓을 끊으면서도
그날 상영하는 제목에는 관심이 없다
활동사진이면 그만, 화면에 비雨만 오지 않으면 된다
이왕이면 청순한 버그만이나 호남아 게리 쿠퍼가
주연이면 더 할 나위가 없지만
가끔은 인생의 '誤發彈'이나 新派조의 '미워도 다시 한번'으로

눈물을 쥐어 짜도 그것은 그것대로 아련한 삶의 흔적이다
로비에서 파는 '비오는 날의 부침개'도 이천원
노인에게 주억은 다 동일 가격이다

창밖 저쪽 종로통은 디지털 21세기가 한창인데
여기는 前세기 중반을 아날로그式으로 느릿하게 가고 있다

눈먼 그리움에의 단상斷想 1

— 겨울 빗속에서

멜로 신파라 해도
빗속이라도 좋다고 전하여라
흔한 사랑이면 어떠리
추위에 오그라들어도
구름위를 걸어서라도
그대에게 가리
가서 빗방울로 눈물로
떨어지리

2부

사만다에게

'사만다'*에게

당신의 목소리를 영화 「her」에서 들었어요
당신은 불과 서너가지의 신상정보만을 입력하고도
상당기간 외로운 남자의 대화상대가 되어 주었지요
나는 당신에게 나와 나의 그대와의 인연이
끊어지기 전까지 모든 정보를 입력하고 싶어요
당신이 나의 그대가 되어 주세요
그렇게 시작하여 그간 단절된 오랜 시간의
벽을 허물어 보는 거예요
아마도 그대 빈 시간의 전개展開는
고도의 개연성과 연상聯想추리력으로
있을 수 있을 법하게 이루어지겠지요
그것이 실제와 어느 정도의 괴리乖離가 있을지는
나로서는 알 수도 없고 알 필요도 없답니다
그렇게 시간의 공백을 메꾸고 나서
지금 시점에서 서로의 대화를 해보는 거예요
그대가 어떻게 살아 왔고 가족상황은 어떤지 같은
민감한 사실은 건드리고 싶지 않아요
이제와서는 어차피 상관이 없으니까요
나를 얼마나 생각해 왔는지도 묻고 싶지 않아요
사람의 감정은 연산演算처리의 확률과는 다르잖아요

그저 요사이 일어나는 이 시대의 모순들에 대하여
아름답게 나이를 먹는 방법에 관하여
그대의 생각을 물어볼 거예요
그리고는 결국 마지막으로 딱 하나만을
떨리는 목소리로 확인하겠지요
그대 아직도 틀림없이 살아 있는 거지요?

* 영화 her (2013)의 여주인공인 인공지능 운영체제 (os) 이름.

기억도 입체화 될까

태아의 초음파 사진으로
3D프린팅을 하면
태어날 얼굴이 튕겨 나온다고 한다
3D프로그램에
흘러간 추억을 입력하여
그대를 디자인하면
프린터는 시간을 시대별로
얇게 저며 나누고
그때 그 시절의 떨림과 한숨을
차곡차곡 쌓아올려
그대의 형상形象을 만들어 낼 것이다
이윽고 덜컹
시차時差의 족쇄가 풀리고
예상할 수 없는 모습으로
그대가 걸어 나온다 해도
나의 기억은
여전히 잿빛 평면
생각의 홀로그램으로 흘러간다
결코 붙잡을 수는 없다

구름 터널

내 연민의 세월이 쌓인
무의식의 저편
구름*너머에 그대가 있다
그대가 있을 자리를 향하여
접속의 통로를 뚫어야지…
잊혀진 기억의
흰 가장자리를 무너뜨린다

시간이 부서진 틈새로
내 안타까움이 가 닿도록
그 옛날의 그대에게
클릭 클릭 신호를 보낸다
암호는 어떤 반향도 없이
구름에 흡수되고
방향 기호를 조금만 틀려도
수십년의 그리움은
허공의 미아가 된다
그래도 구름속 기억의 퇴적으로
가까이 접근하는 것만으로도
나는 안도하지만

어두운 날들의 빛들이 모여들어
이제 곧 폭우를 쏟을 것이다

* cloud service.

벼락

배드민턴의 셔틀콕을
허공으로만 치는 남자가 있었어요
외로움 끝에 잘못해서 하늘을 건드렸지요
느닷없이 벽력소리가 터지고
번쩍 번개에 태워져
순간의 공간이동을 했어요
하늘끝 아득한
안드로메다의 시간 속으로

모니터 화면에 가득
눈물의 세찬 비가 내렸어요
비의 전류가
내 심장을 멎게 해요
비의 지문이 내 가슴에
낙인으로 찍혀 왔어요
잠 못 이루어 안절부절 못하고
다시 한번 벼락을 타고
기억의 구름속으로 업로드 했어요*
그대에게 다가가야죠

작은 상처끼리 맞닿은
낮은 처마 아래 좁은 골목길
누군가 쫓아 오고 있어요
벼락으로 기억을 뺏겨버린
껍데기 남자

* cloud service.

모든 물체가 인터넷을 해야 하나*

아침 세면대 거울앞에 서면 거울이 나에게 이야기하지요
어젯밤 뒤척이고 잠도 못자 감기기운이 있다고
처방전을 드리니 약을 드세요 라고

집을 나서려는데 현관의 우산꽂이에서 파란불이 번쩍입니다
오늘 비가 오니 우산을 가져가라고요

집에 들어간다고 팔목시계에 이야기하면
집에 불이 켜지고 적당한 실내온도가 작동하고
목욕물이 데워지지요

비닐하우스가 식물들의 이야기를 알아듣고 주인에게
알리는 날이 곧 올 것입니다

이제 세상은 필요한 만큼의 지능을 사물에 부착하고
네트워크로 연결하여 이용하려고만 하고 있어요
그렇게 되면
자연은 있는 그대로의 모습을 잃어버리게 되지요

그러나 삶은 잠 못자 감기도 걸리고 우산 없어 소나기도 맞고

오지 않는 버스를 하염없이 기다리기도 하고
컴컴하고 냉냉한 집에 들어 가기도 해야 하는 것 아닌가요?

잉카의 사람들은 모든 물체에 靈이 있다고 생각했어요
내버려 두어도 돌이 나무에게 이야기하고
꽃은 비와 관계한다고 하는데
그립지 않은가요?

* 사물인터넷 Internet of Things.

시간의 잔상殘像

낙화落花가 그려진
전철역 스크린 도어 너머
바랜 기억속의
날日들이 보인다
후미진 산동네 울타리에
걸린 가오리연과
니시카사이西葛城 풀숲에
쏟아지는 장대비

세월에 가위눌려
외칠 수도 없는데
엇갈리는 전동차는
찰나에
수십년을 치받고 떠나간다
타야할 오늘을 놓치고
사라지는 차미車尾에는
끌려가는 시간의
잔상만이 어른거린다

터치다운touchdown*

질풍노도로 쇄도하는
세상을 향하여 돌진한다
타원형 전생前生을 끌어안고
끊임없는 태클을
무수한 장애를 뚫고 전진한다

정작 가로막는 것은
투명한 허공의 벽
보이지 않는 시간의 그물이
겹겹이 쳐 있다

불어오는 바람너머로
다가올 숙명宿命이 보인다
생의 비의悲意에 숨이 턱턱 막혀도
어렵게 골라인을 넘어가면
엔드 존end zone*
겨우 안도의 종지부를 찍는다
이제 허공속으로
체념을 날려버리는
마지막 시도try*를 할 것이다

* 미식축구용어.

소매물도小每勿島

철새들이 해로를 따라 들어간다

죽은 사람의 인연인지 산정까지
낯선 귀뚜라미벌레가 쫓아온다
물때를 만나야
건널 수 있는 등대섬으로
돌담에 그려진
공룡의 날개를 얻어타고 건너간다

해풍에 지친 낡은 등대가
막연한 슬픔으로 서 있고
신열이 나는 그 신호와 마주치면
추억이 부서지기 쉬워
엷은 안개가 감추고 있다

막다른 단애斷崖의 골목에 갇힌
세 폭의 돌병풍은 아슬아슬
기억의 단절斷絶로 위태롭다
눈이 짓무르는 쪽빛 바다는
먼 세월 잊혀진 이별의 색깔이다

벽 속의 여자

증권사 객장 구석에 앉아 있는
그녀는 유리벽 속에 갇혀 있다
수식시장에 관하여는 귀신인데
세상물정과는 동떨어져 있다
가까이 다가갈 수는 있어도
결코 넘을 수 없는
메아리가 돌아오지 않는 절벽이다

벽에도 귀가 있다고요?
시선이 수없이 오고 가도
느낌만으로도 알 수 있는
단 한마디를 알아듣지 못하는데
벽속에 숨겨진 남자가 있다고요?
그렇다면 오랜 시간이 걸린
파생派生의 추리推理는 끝이 났겠지요
선물先物거래한 미결재未決裁의 시간이
함께 벽으로 서 있다

조춘早春

가까이 다가 가면 갈수록

저만치 달아나는 당신

그래도 어쩔 수 없는

순간의 한 별

연초록 부푸는

옷고름에 매달리다

눈먼 그리움에의 단상斷想 2

— 봄빛

겨우내 꿈꾼 골짜기 눈이
초봄 피부에 닿는 바람風에
막 깨어 일어나려는데
산을 버리고 섬으로 간 그대는
세월이 흘러도 매년 이맘때면
양광陽光의 아와지시마淡路島 간이역
곧게 뻗은 철로위로
멀리 가물가물
아지랑이 피워 올린다

3부

잊혀질 권리

잊혀질(잊힐) 권리*

돌아보니 살아온 시간이 모두 허상虛像이었네
나는 세상의 온갖 기록으로부터
자유로워지고 싶다네
출생이후 나를 표현하는 문자 부호와 말로부터
누렇게 바랜 단체사진의 구석이나
아파트입구의 cctv영상으로부터
벗어나고 싶다네
당신의 무의식에 들어갈 수 있다면
거기에 남아 있을 나의 남루襤褸를 모조리
강력 진공소제기로 빨아내고 싶다네
시인같은 건 애초에 없었고
나는 누구에게도 기억되기 싫다네
시공時空의 어느 한점点 한순간에도
아나로그는 물론 디지털 세계에서도
내 이름은 블라인드되고
나의 정체는 삭제되어
당초부터 있지 않아야 했었네
그렇게 스스로 아무 흔적도 없는
출생이전의 없음無으로 돌아가고 싶으이
나에게도 잊혀질 권리가 주어진다면

* google이 유럽재판에서 인정한 개인의 정보삭제 권리.

생각의 행로行路

노을이 타고 있다
부나방처럼
불현듯 다가가
날카로운 빛의 촉수觸手에
걸려 버렸다
헤어날 수 없는 미혹迷惑이다

발버둥치지만
한치의 틈도 없이
옥죄어 오는 몌별袂別
꺾이고 부서지는 순간
남은건 사라지는 빛속의
쓸쓸한 해체解體뿐
세상은 바삐 가고 있는데
빛의 덫에 걸린채
미망迷妄의 그늘에 갇혀 있다

엘리펀트 맨
— The Elephant Man

시간의 틈새에 끼어 부대끼고 있어요
무엇하나 제대로 내세울 거 없는
나는 툭하면 얻어맞고 살았어요
이유없는 서러움을 두들겨 맞았지요
구태여 피하고 싶지도 않았어요
그 순간만은
아무 생각을 하지 않아도 되었으니까요
그저 조롱과 슬픔의 시간이 빨리
지나가기를 기다렸지만
늘 아직도 의식意識있음에 절망하곤 했어요

시간의 링에 오르면
난타亂打당하고
서서히 단풍처럼 물들어
기괴한 코끼리 모습으로 부풀어 쓰러졌어요
차라리 누군가
내 몸을 세게 두들겨
큰 종소리를 한번 울려주면 하고 바랐어요
내 울음이 도달하게요 그런데
이제는 시간도 내편이 아니더군요
그냥 그렇게 끝나고 싶었어요

도취陶醉

늪속으로 미끌어져 가요
어디가 끝인지 가늠이 안되네요
발버둥치면 칠수록
더 깊이 빠져 들어가
도취의 끝없는 나락으로 떨어져요

아득한 반복反復

열락悅樂과 퇴폐의 맛이
밍밍하고 씁쓸해요
정점頂点에서 스러지는
불꽃놀이의 폭발처럼
절정감도 순간의 환영幻影일 뿐이지요
이어지는 불비火雨가
더 화려하고 허무하니까요

연기로 날아가고
재가 되어 흩어져야
늪의 마성魔性에서 풀려나겠지만
너무나도 감미로운 미혹迷惑에

헤어나고 싶지도 않아요
무아無我의 태풍속으로
목숨을 날려보내요

슈퍼 문, 뒤늦은 우연

뜻밖의 우연을 가장假裝해서라도
그대와 조우遭遇하고 싶었어요
누구나 일년에 한번은 지나간다는
강남역 6번 출구에서
오지 않는 낮달을 마중하듯
우두커니 기다렸어요
하지만 좀처럼 우연은 오지 않았지요
어쩔 수 없이 이십년이 흘러가 버린
예기치 않던 어느 날 저녁
갑자기 마천루위로 큰 얼굴이 떠올랐어요

순간 현기증이 엄습했어요
그 옛날 금문교위 이후 오랜만에
그대가 이렇게 가까이 다가오다니요
그간의 삶이 많이 팍팍했나 보군요
그대의 얼굴에는 짙은 상처의 음영陰影과
깊은 주름이 늘어났어요
군살로 얼굴이 더 둥글어 커지고
쓸쓸한 표정으로 눈동자에 생채기가 보이네요
안타깝게도 쉽게 다가갈 수 없는

너무나 뒤늦은 우연이었어요
이제 내 생애에는 아마도 두번 다시
그대를 볼 수 없을 것이기에

카메오cameo*

비 내리는 보도를 비에 젖어
황급히 옆으로 뛰어 지나가는

붐비는 전철에서 뒷모습만 보이고
느닷없이 내려버리는

고층빌딩 엘리베이터 문밖으로
불쑥 머리카락만을 보이고 닫혀지는

새벽 깨어나기 직전 꿈속에서
찰나刹那의 얼굴을 내보이는

슈퍼문의 뺨에 짙은 응달을 드리우고
구름속으로 표정이 사라지는

내 무의식의 세계속
예기치 못한 순간에 나타났다가
홀연히 사라지는
미망未忘의 카메오는
세월과 상관없이 오직 한 사람이다

* 영화나 드라마에서 관객의 시선을 짧은 시간 끌어들이는 특별 단역 출연자.

나무, 생애를 걷다

오랜 세월
멀리서 당신만 바라보던 나는
당신의 찬란한 빛에 눈이 멀었어요
당신이 나를 거들떠보지도 않아 나는
서있는 채로 서서이 몸이 굳어 버렸지요

기다림을 더 이상
견딜 수 없게 되었을 때
당신에게 조금이라도 다가가고자
안간힘을 다해 몸부림쳐
몇년에 겨우 한 발을 내디뎠지요
살아있는 의미를
그렇게 수없이 되새김하며
가슴에 늘어가는
고통의 나이테에 따라 생애
겨우 몇 발자국 다가갈 수 있었지요

그러다가 어느날 문득 요행으로
당신의 그림자라도 다가와
나를 스치면

나의 시간은 거기서 끝나고
그대로 시들어 버리고 말았어요

* '걸어가는 나무' - 멕시코 식물원 'arbol que camina', 바로콜로라도섬 '워킹팜' -같은 소재로 여러 작품 있음.

목 디스크

책상에 앉아서도 서서도
목을 항상 앞으로 조금 굽히고 살다보니
척추뼈 6,7번 사이의 연골이 닳아 없어졌다

그렇게 사는 사이 목이 뻣뻣해졌다
어깨도 딱딱하고 가끔은 팔도 저리다
목이 굵어져 규격 와이셔츠는 입을 수가 없다
목이 맞으면 팔이 손밖으로 나오고
팔이 맞으면 목단추를 펠 수 없다
아침 예절용 넥타이를 매기 위하여
목단추를 억지로 꿰면
목이 옥죄어 와 하루종일 불편하다

스트레칭으로 목을 풀고
견인牽引으로 목을 끌어 올리란다
아니 언제 목에 힘을 주고 살았다는 건지
너무나 고개를 숙이고 오래 견뎌온 탓이겠지
세상이 늘 그렇게 만만하지 않아
꾹 눌려 지내온 게 우리네 인생인데
대체 지금까지 살아온 자세가 어떻다고
차라리 지난 시간의 목을 비틀어 버리고 싶다

어느 빗櫛 이야기

산행할 때마다 자주 들리는 조그만 식당이 있었다네
주방장인 노부인과 시집간 둘째딸이
가정식 메뉴와 청국장으로 나를 맞곤 하였네
그곳엔 출입구 왼쪽 벽거울 옆에 제법 큰 프라스틱 빗이
손잡이 구멍에 고무줄을 꿰어 걸려 있었네
예수님처럼 손바닥에 구멍이 뚫린 형국이었지
갈 때마다 나는 땀에 찌든 등산모를 벗고는
머리를 빗곤 하였다네
오랜 세월 변함없던 그놈은
수년전부터 빗살이 빠지기 시작했다네
아마도 내 머리칼과 보조를 같이 하는 것 같았으니
듬성한 빗으로 숱이 적어진 내 머리를 빗을 때면
웬일인지 조금은 서글퍼지곤 하였네
이삼년전부터는 산넘기가 힘에 부쳐 그곳 가기가 뜸해졌는데
지난 여름 홍수에 개울가 그 집은 침수되고
가재도구는 떠내려 갔다네
소식을 듣고 놀라 달려간 나는 개천 모래톱을 샅샅이 뒤져보았네
겨우 모래에 반쯤 묻힌 그 갈색놈이 눈에 띄었을 때는
길 잃은 손자를 찾은 기분이었지
부러지지는 않았지만 살이 훨씬 많이 빠진 그놈을

툭툭 털어 머리를 빗어 보았네
시간과 함께 사라지는 그 빗살만큼이나
적어신 숱의 내 남은 날들을 어루만져 보면서

매월당 부도梅月堂 浮屠

무량사無量寺
암자가는 옆 소로小路
백청색 수국
한창이거나 말거나

고즈넉이 풀밭에 누워
노을에 젖어 있구나

눈먼 그리움에의 단상斷想 4

― 기억 터널

그 길 밖에 없다
그대에게 접근하는
아득한 기억의 저쪽
세월에 부딪쳐 거슬러
암흑의 웜홀worm hall 진공속으로
빨려 들어간다
먼 끝 희미한 빛 속에서
전혀 다른 그대의
낯선 기억이 기다리고 있다.

4부

규격론

규격론規格論

동물병원 애완견 철창속에
족보꼬리표가 붙어있던 나는
어느 날 35층 아파트로 팔려갔다
주인은 나를 목욕시킨 뒤 내 피부를
스님의 독두禿頭처럼 깨끗이 밀어버렸다
그리고는 붉고 푸른 그러나 나에게는
옥죄기만 하는 죄수복을 입혔다
먹는 것은 정체불명의 알약이었고
늘 같은 것이었다
나는 점차 맛을 잃어갔다
그들에게 재롱을 소모할 때를 빼고는
나는 거의 골방구석에 갇혀 지냈다
며칠에 한번씩 식구들이 나를 끌고
산책을 할 때에만
나는 목이 끌리면서도 조금 살아 났다
그렇게 두 살쯤 나이를 먹자
주인은 나의 생식기를 제거해 버렸다
저 심장 깊은 곳에서 올라오는 분노를
울부짖고 싶었지만
성대는 이미 절제切除되어 있었다

물속의 잠

깊은 잠에 빠진다
꿈속이었나

강화유리 창을 깨지 못하고
물고기처럼 입을 벙긋거리자
베르히만*의 영화처럼
몇개의 얼굴이 지나가고
올려다 보는 하늘은 물로 가득찼다
내 목에 뭉친 말들이 아가미로 돋아난다
내 몸은 서서히 부유하여
시간이 정지된 물속을 헤메이고는
선실밖 수초 옆에 가서 눕는다
물의 밀도있는 질감속으로
지난 시간의 파편들이 따라와 옆에 눕는다
세월의 강에서
고르지 않은 일상의 바닥에 빠지지 않게
발을 곧추 세우던 일
성장의 거센 폭풍이 올 때마다
떠내려 가지않게 허우적 거리던 일
파노라마같은 순간들이

미끈미끈 내 기억의 촉수를 건드린다
수면水面,睡眠끝으로 학교가 비치고
교정에서 누군가
멀리서 가져온 목련을 심고 있다

* Ingmar Bergman(1918-2007) 스웨덴 영화감독.

수화手話

오후 한때의 환청幻聽에 시달린 이후
귀가 어두워져 와요

날이 저물어 오자
소리는 점점 멀어지고
당신에게 드리우는 실망의 표정과
물고기의 입놀림같은
입모양만이 눈에 들어 와요
마성魔性의 그 미묘한 변화를
눈치채지 못하는 속내를
들키지 않으려고
눈빛으로 모호하게 얼버무리고
손짓으로 안간힘 쓰지만

제대로 알아 듣지 못 하는 게
차라리 다행이어서
다가오는 밤을 무심하게
마주할 수 있게 합니다
그렇게 당신을 향한 나의 신호는
줄 끊긴 가오리연같이
허공의 빈 몸짓일 수밖에 없군요

래퍼rapper

–우우 만남과 헤어짐은
모두 허상虛像이예요

호소인지 타령인지
그냥 중얼거려요
시작은 무상無常하게
점차 가슴속 맺힌 한을
고통의 라임*에 맞추어
장대비로 토해내는 거예요

속삭임같은 것은 없어요
어쩔 수 없이 배어 나오는
간절한 비트beat의 몸짓만이 있어요
독백의 신음呻吟이 떨어지면
허공에다 대고 외쳐요
소리를 한없이 놓아주어
구름에 닿을 때까지 울부짖어요

–우우 어차피 시작도 끝도 없어요

* rhyme : 일종의 脚韻.

적막寂寞의 실루엣

벽 위로 높이
사각형의 하늘이 걸려있다
비쳐 들어오는 투명한 햇살이
부유하는 먼지를 프리즘같이
무지개로 피워 올린다

방황하던 거미가 돌아온다
천장에서 바닥세상으로
떠나 있던 감긴 시간을
길게 풀며 내려와
가늘고 촘촘히
퇴색한 세월의 선線을 뽑아 낸다
흘러간 풍경들이
여러 색깔로 묻어 나온다
그리고는 미지의 운명을 낚기 위해
시간의 씨줄 날줄로 다시 함정을 엮는다

방구석에는 긴 더듬이의 곤충들이
틈어진 낡은 별자리星座를 기어오르다 떨어진다
텅 빈 늪의 고요가
기억의 파편만큼 고여 있다

예감豫感

비의 사원寺院에서
눈 부릅뜬 바람이 불어온다

불안을 키우는 저기압의
어두운 옆구리에서 발원한 강물
그리고 삶이 무너지지 않도록
작은 흔들림마저 일깨워 주는
나뭇잎의 미세한 떨림
후두둑
절망한 낙타의 눈물이 흩뿌려진다

바람의 머리를 짓누르며
묵시록黙示錄의 네 기사騎士가
짙은 먹구름으로 몰려온다
거부할 수 없는 해체解體와
침윤浸潤의 시간이 오고 있다

망상 장애妄想 障碍*

당신은 그 옛날 니시카사이西葛城 역전에서
나를 기다렸듯이 늘 그 자리에 있었어요
몸은 세균이 잠식하여 조금씩 수분이 빠져나가
마른 나무가 되어가도
알콜로 당신의 피부를 닦으며
히치콕의 싸이코*에서처럼
나는 매일 당신의 변함없는
實在를 확인해 왔어요

당신은 거기에 침묵으로 존재하여 왔어요
침묵의 첫 시작인 겨울은
물질과 생각의 어떤 부패도
허용하지 않았지요
당신이 수년간 조금씩 미이라가 되어 가더라도
眞實은 다를 것이 없었어요
침묵의 대화가 지속되는 한
당신의 영靈이 떠난다는 것은
상상할 수도 없었어요

그런데 왜 갑자기 당신을 죽었다고 하는 거죠?

이제 곧 오랜 침잠沈潛에서 깨어날 터인데요
무엇으로 존재와 無를 가르는 것인가요
내 지극한 일념一念을 시험하지 마세요

* 정신의학 용어 : 객관적 사실과 무관하게 자기 확신을 고수한다.
* PYCHO : 알프레드 히치콕의 1960년도 영화 - 죽은사람과의 이중인격을 다룬다.

검은등뻐꾸기에 관한 명상瞑想

언제였던가 그가 누구인지 몰랐던
어느 청명한 늦은 봄
신록이 한창인 숲속 어디선가
시냇물같은 맑은 소리로 그가 다가왔다
'홀딱 벗고' '홀딱 벗고'

'홀딱 벗고' '홀딱 벗고'
그 지저귐이 들려오면
위선僞善의 탈을 벗고
태초의 모습으로 돌아가라는 거겠지
선문답하듯 침묵했지만

'홀딱 벗고' '홀딱 벗고'
그 울음이 계속되면서는
늙어 홀로 떨고 있을
나목裸木을 떠올리게 하고
멀리 있는 아련한 슬픔으로 스며들었다

'홀딱벗고' '홀딱 벗고'
부르는 소리는 여전한데

아마도 내가 알지 못하는 시간의 틈새에서
어느새 가버린 인연있던 누군가가
나를 찾아오는 것은 아닐까
나는 독한 주술에 걸리고 말았다

중력파 소고重力波 小考

느닷없이 블랙홀이 충돌하여
소용돌이 치거나
초신성이 폭발하는 파장으로
내가 사는 행성의
한 귀퉁이와 흐르는 시간이
갑자기 휘어져 뒤엉킬 수도 있겠지

그렇게 뒤틀린 시공간에서
광속으로 앞서가던
그 옛날 그리운 이들의 빛과
상상도 못한
만남이 이루어진다면
나는 그동안 써온
허기진 그리움의 환상을
모두 다시 써야 되겠지

그렇게 어이없이 생각이 튄다해도
세월의 권태속에 무료無聊한
나의 잠재의식은 뜬금없이
그런 미지未知와의 조우遭遇를
무작정 기다릴지도 모르지

비렁길

시선視線이
깎아 지른 벼랑위를
아슬아슬 앞서 간다
불안한 안개비가 햇빛에 걷혀가도
보이는 갈 길이 더 막막하다
오른쪽은 망망대해
절벽 아래로
밤새 갇힌 생각들이 추락하고
왼쪽 멀리
갈대와 소나무의 군락群落위로
누군가의 초분草墳이
해풍海風에 해어져 간다
돌아보니 지나온 길도
거센 바람에 위태로워
석양전에 여기까지 온 것만도
다행이다

* 여수 앞바다 금오도 벼랑 산책길.

눈먼 그리움에의 단상斷想 3

— 너무나 늦은 눈

조춘早春
뒤늦게 함박눈이 온다
전쟁으로 황폐한
유년의 키작은 꿈이
등굽은 노모老母의
고달픈 세월이
돈의동 곱창골목 키낮은 처마 사이로
염색한 내 머리위로
희끗 희끗 내려 앉는다
돌아보니 분.분.분
끝없는 기다림이 쫓아온다

5부

신 오스트랄로피테쿠스

新 오스트랄로피테쿠스

최초의 직립인간이었다
바로 서기 어려워
고개 숙여
땅만 보고 살았다

50만년후 新人類는
편히 살기 어려워
관계를 맺으며
여전히 머리를 숙이고 산다

없는 사람이 있는 자에게
소시민이 떼쓰는 자에게
보통 사람이 목소리 큰 단체에게

그러면서 혼자는
지상에서나 지하철에서나
틈만 나면
고개를 숙이고
오로지 휴대폰만 눌러 댄다

그림자놀이

유년幼年의 등불에 비친 그림자는
누구의 허상虛像이었나요

여름의 타는 노을속으로
추락하는 빛은 스러지고
끝나지 않는 기다림으로 바래버린 얼굴은
모딜리아니의 그림처럼 길어졌어요
생각은 종일 당신을 추적하다가
밤새 미로迷路에서 헤매입니다
창문을 통하여 실루엣으로
희미한 달그림자만 들어오고
보이는 것은
어둠속 달무리로 흩어지는 당신의 몸짓뿐
날 수 없는 그리움은
윤곽조차 잡히지 않는군요
말도 눈빛도 보낼 수 없는
벙어리같은 시간의 실종
당신을 쫓는 투명한 새벽을
몇줄의 하찮은 글로 맞이합니다
남은 생애에는 붙잡을 수도 없는
그림자놀이를 하고 있다구요

가상현실假想現實*

별은 멀리 총총하고
풍경은 파노라마인데
360도 회전하는 우주

그 낯선 세상에
시선視線이 한없이 다가가도
내 의식은
그 안의 어디에도
발 하나 디딜 수가 없다

설정된 상황이 암시하는
한 생生의 순간들이
안개속에 자욱하고
입력된 내 기억은 너무나 푸르러
시간의 미로迷路로 진화한
그대의 블라인드 사이드*를
끝내 찾아내지 못한다

언제까지고
착지着地하지 못하는 나는

허공의 빛을 타고
어긋난 시공의 그대를
그대의 부재不在를 쫓아
아직도 끝없이 떠돌고 있다

* VR virtual reality.
* blind side 死角地點,時點.

中性論

마리는,
조카가 미국유학을 끝내고 데려온 반려견 암놈인데
내가 가면 늘 이뻐하니 반가워 환상을 한다
이번에는 아주 오랜만에 갔더니 눈물까지 흘린다
동물도 하도 기쁘면 눈가를 적시겠지 했는데
그 사이 임신을 못하게 중성화수술을 했단다
창밖으로 눈을 맞은 앙상한 나무가 떨고 있다

과연 현대인의 이기심이 어디까지인지
마리 여자냐 남자냐 묻자
세상에 왜 남성과 여성만 있어야 되나요?
생명이 양성에서 출발하지만
또 그로 인해 숱하게 불행해지잖아요
중성도 훌륭한 선택이라구요 한다
도대체 성적충동이 없는 第三의 성이란 무엇인지
모조인간도 만드는 사랑을
잃어버린 각박한 규격사회에서
세상의 타산이 아직도 누구를 사랑할
여백을 남겨 놓았는지
도그마에 빠진 시대에 치여
모두 조금씩 중성화되는 건 아닌지 씁슬해진다

우체통은 왜 모두 빨갛지?

그 옛날의 그대는 모바일도 컴퓨터도 없었으니
편지를 끄적거려 우표를 붙여 보내야겠죠
모조연애模造戀愛와 대량소비에 익숙한 세상인데
그렇게 첨단화되어도
우체통은 아직도 군데군데 남아 있더라구요

해리 포터의 런던 킹스크로스역처럼
그대에게 간절한 생각이 달려가면
나타났다가 불현듯 사라지는
강남역 6번 출구를 나와
교보문고 쪽으로 걸어 보세요
키가 대여섯살난 사각 우체통이
두어개 기다리고 있을 거예요
내 어릴 적엔 어른키만한 둥그렇게 생긴
우체통이 길모퉁이에 서 있었어요
짝사랑이나 위문편지를 집어 넣으려면
한참 발돋음을 해야 했지요
그래도 반가운 것은 그때나 지금이나
변함없이 빨간 옷을 입고 있는 모습이예요
애타는 내 마음이 붉게 타고 있는데
받아주는 통이 파라면 어떻게 집어 넣겠어요

프리다 칼로*의 초상

그녀의 짙은 일자 눈썹은
티티새의 검은 날개
눈빛이 묘하게 낯선 사람을 끌어들인다
전쟁직후 광장시장에서 맞부닥친
맹렬한 삶의 충동같은 분위기가 그녀를 휘감고 있다

한때 동성애의 영향인가 엷은 콧수염이 자연스럽고
슬픔을 익사溺死시키겠다는 눈이 호수처럼 그윽하다
나를 똑바로 응시하지만
이마에 붙어있는 이상한 '디에고'가 쳐다보아
아는체하기도 싫다
혁명과 페미니즘의 우상이어야 할 얼굴인데
그다지 투사의 풍취風趣는 보이지 않고
전기영화에서 열연한 셀마 헤이엑*보다
단연 더 멋있고 기품있다

그런데 대면하고 나오는 발걸음이 도무지 편치 않다
슬픔이 익사하기는 커녕 다시 살아 나오고
무념無念의 사막에 핀 붉은 선인장꽃에 찔려버렸다
아프다

* Frida Kahlo : 멕시코 여류화가 (1907-1954).
* Salma Hayek : 멕시코 출신 영화배우(1966-).

반평생半平生

오래된 단골 구두방이 있다
질리지 않는 슬리퍼형 검정구두를
일상日常이 닳아서
바닥이 기울 때까지 신고
힘든 삶生의 밑창을
굽갈이하며 버텼다
그리고 얼굴이 해지면
다시 새것을 사고
그렇게 다섯번쯤 되풀이하니
얼마 전 바꿀 때에는
주인으로 딸이 나왔다
백수가 되어 오랜만이라
나를 알아볼까 걱정했더니
미소지으며 아버님, 그런다
언젠가 내가 홀로 걸을 수 없게 되면
그집 구두가 편하고 좋다고
아들보고 가라고 해야겠다
반 평생이 그래 봤자
구두 몇 켤레 시간의 길이이느니
한줌 가을햇살같이 가느다랗다

오래된 가구

우리집에는 오래된 평상이 하나
거실에서 수십년을 살았다
여러번의 이사에도
다른 가구는 몇 번씩 바뀌어도
이것만은 유일하게 남아있다
신문 책 안경 주전부리 등 무엇이든 올려 놓고
엎드려 글을 쓰기도 한다
때로는 멍하니 걸터 앉아 있기도 하고
여름에는 원두막처럼 그 위에 눕기도 하는데
매끈한 나무 결에서 잊고 있던 온기를 느낀다

거실 청소를 할 때마다 나는
세월의 낙인같은 생채기를
윤이 나게 열심히 닦는다
늘 거기에 있는 게 당연한데도
자주 발을 그 다리에 부딛혀
아프게 발톱이 나간 적도 있다
그런데 웅크리고 있는 뒷모습만 보면
근자에 안방에도 비슷한 평상이 생겼다

겨울 일기

하루가 지루한 어느 날
문득 시외버스를 타고
한적한 지방도시에 내렸다
잡거빌딩의 후미진 지하 2층 빈 공간에
그 옛날 조그만 영화관이 쭈그리고 있었다
전쟁후 가난하던 시절
몰래 어른을 따라 들어가 가슴 졸이고 보았던
제법 유명한 고전영화를 상영하고 있었다
이미 오래전에 죽은 당대의 명배우들이
19세기의 낭만을 연기하고 있었다
영화에 빠져들어 국민학교 시절로 돌아간 나는
집에서 기다릴 어머니와
딱지치기 하던 동네 꼬마들과
옆집 새침데기 소녀가 보고 싶어졌다
영화에서 투우사를 사랑한 시골처녀 '린다 다넬'도
내 꿈에 나타날 것 같았다
두 시간의 몰입이 끝나고 지상으로 복귀하자
너무 늙어 고단한 현실의 겨울비가
추적추적 내리고 있었다

쿨cool

좋아하는 내색을 들키기 싫어
따뜻하게 대하는 것이 쑥스러워
냉정한 척 무심하면

상대가 갑자기 이별을 통고해오자
마음속에 증오 하나 심고
흔쾌히 이해하는 척 하면

몇번이고 실패하여 속이 쓰리면서도
겉으로 태연한 척
실제로 큰 불행에도 의연하다면

절벽에 도달하기 직전 강심장으로
달리는 차에서 가장 늦게 뛰어내리면

아무리 고급 개그를 해도 웃지 않고
누구도 섬은 아니다* 라고 말하면

쿨 하다고?

* 영국시인 John Donne의 시구.

찰나와 티끌

(프롤로그)*

우주의 시작부터 지금까지 백 몇십억년을
1년짜리 달력으로 환산하면
태양의 탄생은 9월9일 지구의 생일은 9월14일이다
공룡은 크리스마스 이브에 나타나 28일에 멸종했고
인간은 12월31일 밤 10시30분에 태어났다
문자가 발명된 것은 불과 15초 전 일이다

우주의 시공에서
사람의 일생은 그야말로
찰나에 스쳐 지나가는 티끌이다

인간사에 어떤 나비효과를 동원하여도
숫자로는 도무지 대응이 되지 않는다

하지만 시공을 재는 단위와 숫자는
모두 가상의 영역으로

체험의 臨界狀態를 벗어난다

비록 우주의 杪살이 먼지라고 해도
지구의 하루살이보다 수만배의
생노병사와 희노애락이 그 안에 있다
당연히 우주는 환상이고 티끌은 실존이다

* 천문학자 칼 세이건.

눈먼 그리움에의 단상斷想 5

— 여전히 섬

그대와 나 사이
닿을 수 없는
허공의 바다 위에는
서로의 생각이 닿아
기억의 구름에 걸어놓은
다리가 있다
그래도 시대를 달리하여 살아
여전히 서로 섬이다

| 해설 |

문명의 은폐된 폭력성과 세계의 구원 방식

서안나 (시인, 문학평론가, 한양대)

문명의 은폐된 폭력성과 부정성의 고발

박수중 시인은 2008년 등단 이후 왕성한 창작활동을 통해 『꿈을 자르다』(연인 M&B, 2010), 『볼레로』(지혜, 2014) 등 2권의 시집을 상재하였다. 박수중 시인이 기존 시집을 통해 근원적 존재 인식에 관하여 천착했다면, 이번 3시집 『크레바스』(미네르바, 2016) 에서는 물질문명이 잉태한 폭력성과 병적 징후를 날카롭게 포착하고 있다. 특히 현대인의 존재 가치 상실과 이를 통해 표출되는 비극성 등 문명 비판적 요소를 시집 전면에 부각하고 있다.

과학 기술의 발달로 이룩된 20세기의 물질문명은 우리의 삶의 방식을 변화시켰으며, 자연 파괴와 인간성 상실 등 많은 문제를

야기하고 있다. 박수중 시인의 시 세계에서도 물질문명이 야기하는 세계와 자아와의 대립과 갈등을 보여주고 있다. 박수중 시집에서 드러나는 갈등양상은 부속품화 하는 인간 실존의 문제를 제기하는 방식으로 발현되고 있다. 그리고 이러한 세계와 자아의 갈등은 시적 화자가 내면의 목소리를 발견하는 지점으로 나아가게 한다.

이때 시적 화자가 자기 응시를 통해 내면의 목소리를 발견하는 방식은 자연의 힘을 온몸으로 감각하는 사물과의 교감을 통해서이다. 자연을 통해 자각되는 목소리와 부패하지 않는 영원성의 자연의 순환성은 곧 은폐된 물질문명의 폭력성을 고발하고 파편화된 세계를 구원하는 방식이기도 하다. 이러한 시적 화자의 의지는 '시간의 뒤엉'킴을 통해 카오스적인 물질문명의 폭력성에서 생명력의 가치가 존중되며 우주와 소통하는 영원성의 세계로의 환원을 지향하고 있다. '미지未知와의 조우遭遇'를 통해 물질문명으로 거세된 목소리를 발견하는 힘은 곧 세계를 구원하려는 시인의 시 정신으로 표출되고 있으며 박수중 시 세계의 핵심이라 할 수 있다.

동물병원 애완견 철창속에
족보꼬리표가 붙어있던 나는
어느 날 35층 아파트로 팔려갔다

주인은 나를 목욕시킨 뒤 내 피부를
스님의 독두禿頭처럼 깨끗이 밀어버렸다
그리고는 붉고 푸른 그러나 나에게는
옥죄기만 하는 죄수복을 입혔다
먹는 것은 정체불명의 알약이었고
늘 같은 것이었다
나는 점차 맛을 잃어갔다
그들에게 재롱을 소모할 때를 빼고는
나는 거의 골방구석에 갇혀 지냈다
며칠에 한번씩 식구들이 나를 끌고
산책을 할 때에만
나는 목이 끌리면서도 조금 살아 났다
그렇게 두 살쯤 나이를 먹자
주인은 나의 생식기를 제거해 버렸다
저 심장 깊은 곳에서 올라오는 분노를
울부짖고 싶었지만
성대는 이미 절제切除되어 있었다

—「규격론規格論」 전문

「규격론規格論」에서 '나=애완견'으로 은유화된 시적 상황을 통해 주인과 나의 관계가 적대적인 대결구도를 취하고 있다. '나'는 애완견처럼 주인의 거대 권력 앞에서 의지와 자율성이 거세된 존재일 뿐이다. 애완견인 '나'가 처한 상황은 '동물병원 애완견 철창', '35층 아파트', '깨끗이 밀어버린 피부', '옥죄기만 하는 죄수복', '알약', '골방', '생식기와 성대 절제' 가 알려주듯 통제된 감옥과 같은 공간에 격리되어 있다. 시에서 애완견인 '나'와 주인과의 관계는 철저히 계급적이고 수직적이라 '나'는 주인이 가하는 폭력에 적절하게 저항하고 대처할 수 없는 상황이다. 주인이 생식 기능과 분노를 표출할 '성대'까지 인위적으로 제거한 탓에 분노의 의지 표출이 원천 봉쇄된 비극적 존재이다.

이때 애완견인 '나'에게 가해지는 주인의 권력과 폭력성은 거의 절대적이라 할 수 있다. 애완견인 '나'는 생명의 고귀함과 유일한 가치를 지닌 존재가 아니라, 주인의 기호에 의해 선택되고 소모되는 상품인 동시에 다른 상품으로 교체될 수 있는 일종의 사물로 전락하고 있다. '나'가 처한 현실은 '벽 위로 높이/ 사각형의 하늘이 걸려 있'(「적막寂寞의 실루엣」 부분)는 감옥과 같은 곳일 뿐이다. 목소리의 제거와 불임의 신체로 표상되는 '나'는 도구적 이성으로 전락한 현대인의 비극적 삶의 양태를 은유적으로 보여주고 있다.

당신의 목소리를 영화「her」에서 들었어요
당신은 불과 서너가지의 신상정보만을 입력하고도

상당기간 외로운 남자의 대화상대가 되어 주었지요
나는 당신에게 나와 나의 그대와의 인연이
끊어지기 전까지 모든 정보를 입력하고 싶어요
당신이 나의 그대가 되어 주세요
그렇게 시작하여 그간 단절된 오랜 시간의
벽을 허물어 보는 거예요
아마도 그대 빈 시간의 전개展開는
고도의 개연성과 연상聯想추리력으로
있을 수 있을 법하게 이루어지겠지요
(중략)
나를 얼마나 생각해 왔는지도 묻고 싶지 않아요
사람의 감정은 연산演算처리의 확률과는 다르잖아요
그저 요사이 일어나는 이 시대의 모순들에 대하여
아름답게 나이를 먹는 방법에 관하여
그대의 생각을 물어볼 거예요
그리고는 결국 마지막으로 딱 하나만을
떨리는 목소리로 확인하겠지요 그대
아직도 틀림없이 살아 있는 거지요?

—「'사만다'에게」 부분

작품 「'사만다'에게」의 배경은 영화 'her'이다. 영화 'her'의 여주인공인 '사만다'는 인공지능 운영체제의 이름이며, 시적 화자인 '나'의 가상 연인이기도 하다. 영화의 남자 주인공처럼 '나' 역시 가상세계와 물리적 현실 세계를 왕복하며 프로그램화된 '사만다'에게 사랑의 감정을 느끼고 있다. 디지털 매체의 특징인 하이퍼텍스트성과 상호 소통성을 기반으로 한 가상세계에선 미묘한 감정의 소통과 소모 없이도 연인관계가 가능하기 때문이다. 시적 화자는 사만다와의 관계 지속을 위해 나의 '모든 정보를 입력하고' '나의 그대가 되어 주'기를 욕망하고 있다. 또한 '나'는 사만다와 '단절된 오랜 시간의/ 벽을 허물' 기 위하여, 그녀와 함께 '이 시대의 모순'과 '아름답게 나이를 먹는 방법'에 대하여 대화하기를 원하고 있다.

그러나 시적 화자가 사랑을 고백하려는 '사만다'는 디지털 매체 속의 비유기체적 신체를 지닌 가상의 인물일 뿐이다. 사랑의 감정마저도 '연산演算처리'하는 그녀와 나의 소통은 불발에 그치고 만다. 때문에 '나'가 그녀에게 던지는 '아직도 틀림없이 살아 있는 거지요?'라는 질문은 처절하기까지 하다. 모든 가치를 수량화하는 자본의 세계에서 타인에 대한 불신과 자아와 세계와의 갈등은 곧 인간을 절대 고독의 지점에 위치하게 한다.

'이제 세상은 필요한 만큼의 지능을 사물에 부착하고/ 네트워크로 연결하여 이용하려고만'(「모든 물체가 인터넷을 해야 하나」 부분)하는 문명의 이기로 가득 찬 세상일 뿐이다. 시적 화자를 둘

러싼 세계는 유일하고 가치 있는 원본 대신 '모조연애와 대량소비에 익숙한 세상'(「우체통은 왜 모두 빨갛지?」 부분)이며 이본의 아우라로 기입된 세계일뿐이다.

> 최초의 직립인간이었다/ 바로 서기 어려워/ 고개 숙여/ 땅만 보고 살았다// 50만년후 新人類는/ 편히 살기 어려워/ 관계를 맺으며/ 여전히 머리를 숙이고 산다// 없는 사람이 있는 자에게/ 소시민이 떼쓰는 자에게/ 보통 사람이 목소리 큰 단체에게// 그러면서 혼자는/ 지상에서나 지하철에서나/ 틈만 나면/ 고개를 숙이고/ 오로지 휴대폰만 눌러 댄다
>
> —「新 오스트랄로피테쿠스」 전문

'지상에서나 지하철에서나/ 틈만 나면/ 고개를 숙이고/ 오로지 휴대폰만 눌러' 대는 '新 오스트랄로피테쿠스'는 물질문명이 낳은 괴물과도 같은 현대인의 모습이다. 직립을 통해 손이 자유로워진 오스트랄로피테쿠스는 도구를 사용하면서 자본주의의 속성인 합리성과 효율성을 찬양하며 비약적인 문명의 발전을 이루어왔다. 그러나 물질문명은 오히려 이성의 비합리성을 통해 인간을 위협하고 있을 뿐이다. 이와 같이 「'사만다'에게」와 「新 오스트랄로피테쿠스」에서는 물질문명에 훈육되어 창조성이 거세되고 인간의 신체가 기계적으로 신체화하는 전도된 양상을 통해 문명

의 폭력성을 비판하고 있다. 이처럼 박수중 시 세계의 특이성 중의 하나는 개성적인 디지털 매체 사유 감각에 있다. 세계와 자아와의 갈등과 대립 구도를 비유기체적 인간 신체로 전도하는 시적 장치를 통해 개성적인 매체 감각을 표출하고 있다.

자기 응시와 독한 주술

집에 들어간다고 팔목시계에 이야기하면
집에 불이 켜지고 적당한 실내온도가 작동하고
목욕물이 데워지지요

비닐하우스가 식물들의 이야기를 알아듣고 주인에게
알리는 날이 곧 올 것입니다

이제 세상은 필요한 만큼의 지능을 사물에 부착하고
네트워크로 연결하여 이용하려고만 하고 있어요
그렇게 되면
자연은 있는 그대로의 모습을 잃어버리게 되지요
(중략)

잉카의 사람들은 모든 물체에 靈이 있다고 생각했어요

—「모든 물체가 인터넷을 해야 하나」 부분

늪속으로 미끌어져 가요
어디가 끝인지 가늠이 안되네요
발버둥치면 칠수록
더 깊이 빠져 들어가
도취의 끝없는 나락으로 떨어져요

아득한 반복反復

열락悅樂과 퇴폐의 맛이
밍밍하고 씁쓸해요
정점頂点에서 스러지는
불꽃놀이의 폭발처럼
절정감도 순간의 환영幻影일 뿐이지요
이어지는 불비火雨가
더 화려하고 허무하니까요

연기로 날아가고
재가 되어 흩어져야
늪의 마성魔性에서 풀려나겠지만

너무나도 감미로운 미혹迷惑에
헤어나고 싶지도 않아요
무아無我의 태풍속으로
목숨을 날려보내요

—「도취陶醉」 전문

「모든 물체가 인터넷을 해야 하나」에서는 기계 조작과 가상의 네트워크 안에서 유지되는 현대인의 일상이 그려지고 있다. 자연의 순환론적 시간관이 아닌 직선적인 시간론 속에서 인간이 발명한 문명과 과학의 발달은 오히려 인간을 지배하고 인간의 가치를 왜소화하는 결말로 치닫게 하고 있다.

박수중 시 세계에서 독특한 점은 물질문명과의 갈등 상황을 해결하는 방식을 자연에서 발견하고 있다는 점이다. 물질문명의 폭력성과 갈등을 해결하려는 시인의 의지는 시적 화자의 진술에서 잘 드러나고 있다. '잉카의 사람들은 모든 물체에 靈이 있다고 생각했어요'란 직설적인 진술에서 문명 이전의 '잉카'인들의 세계관을 빌어 물질문명이 지닌 비극성을 자각하고 있다.

물질문명의 달콤함은 시적 화자가 '늪속'처럼 '발버둥치면 칠수록/ 더 깊이 빠져 들어가/ 도취의 끝없는 나락으로 떨어'지게 할 뿐이다. '아득한 반복反復' 속에서 시적 화자는 결국 죽음을 통해서만 '늪의 마성魔性'을 빠져나갈 수 있음을 인식하고 있다. '너무나도 감미로운 미혹迷惑'과도 같은 물질문명의 편리함은 '정점頂点에서 스러지는/ 불꽃놀이의 폭발처럼/ 절정감도 순간의 환영幻影'일 뿐임을 간파하고 있다. 물질문명이 이룩한 거대한 자본의 시스템의 비극성을 진단하는 시적 화자의 태도는 곧 자기 응시로 이어져 내면이 목소리에 귀 기울이고 있다.

비의 사원寺院에서
눈 부릅뜬 바람이 불어온다
(중략)
그리고 삶이 무너지지 않도록
작은 흔들림마저 일깨워 주는
나뭇잎의 미세한 떨림
(중략)
바람의 머리를 짓누르며
묵시록默示錄의 네 기사騎士가
짙은 먹구름으로 몰려온다
거부할 수 없는 해체解體와
침윤浸潤의 시간이 오고

—「예감豫感」 부분

우주의 시공에서

사람의 일생은 그야말로
찰나에 스쳐 지나가는 티끌이다

인간사에 어떤 나비효과를 동원하여도
숫자로는 도무지 대응이 되지 않는다

—「찰나와 티끌」 부분

물질문명의 달콤함에 도취했던 시적 화자의 육체는 어떤 '예감'을 하는 기민한 육체로 변화하고 있다. 이때 '예감'의 감각적 행위는 도시 공간보다 자연물과의 교감을 통해 이루어지고 있다. '비와 바람과 강물과 먹구름' 등의 자연 사물을 온몸으로 감각하는 '예감'은 일종의 자기 응시와 더불어 내면의 목소리에 귀 기울이는 일종의 몸과의 대화라 할 수 있다. 자연 사물에 의해 촉발된 예감의 감각적 행위는 시적 화자의 내면에서 '거부할 수 없는 해체解體와/ 침윤浸潤의 시간'을 체감하는 행위이기도 하다. '바람의 머리를 짓누르며/ 묵시록黙示錄의 네 기사騎士가/ 짙은 먹구름으로 몰려' 오는 예감은 곧 시적 화자로 자신의 내면으로 집중하게 하고 있다. 이러한 예감의 동인은 '우주의 시공에서/ 사람의 일생은 그야말로/ 찰나에 스쳐 지나가는 티끌'이라는 깨달음에 기인하고 있다. 인간 생명의 유한성의 자각은 시적 화자로 하여 자기 응시와 내면 성찰을 견인하는 힘으로 작동하고 있다.

세계의 구원방식과 적막의 목소리

> 돌아보니 살아온 시간이 모두 허상虛像이었네/ 나는 세상의 온갖 기록으로부터/ 자유로워지고 싶다네/ 출생이후 나를 표현하는 문자 부호와 말로부터/ 누렇게 바랜 단체사진의 구석이나/ 아파트입구의 cctv영상으로부터/ 벗어나고 싶다네/ 당신의 무의식에 들어갈 수 있다면/ 거기에 남아 있을 나의 남루襤褸를 모조리/ 강력 진공소제기로 빨아내고 싶다네/ 시인같은 건 애초에 없었고/ 나는 누구에게도 기억되기 싫다네/ 시공時空의 어느 한점点 한순간에도/ 아나로그는 물론 디지털 세계에서도/ 내 이름은 블라인드되고/ 나의 정체는 삭제되어/ 당초부터 있지 않아야 했었네/ 그렇게 스스로 아무 흔적도 없는/ 출생이전의 없음無으로 돌아가고 싶으이/ 나에게도 잊혀질 권리가 주어진다면
>
> —「잊혀질 권리」 전문

생명의 유한성 자각과 더불어 '돌아보니 살아온 시간이 모두 허상虛像'이라는 시적 화자의 허무적인 태도는 모든 문명의 이기와 관리와 폭력성으로부터 탈출을 욕망하게 한다. 이러한 시적 화자의 의지는 정보 삭제의 권리인 '잊혀질 권리'를 통해 적극적으로

드러나고 있다. '잊혀 질 권리'란 google이 유럽재판에서 인정한 개인의 정보 삭제 권리이다. 시에서 시적 화자는 문명의 최첨단 기술인 인터넷과 문자 부호와 말 그리고 사진과 cctv 등의 첨단 기술 문명에서 벗어나 '출생이전의 없음無으로 돌아'가려는 욕망을 표출하고 있다. 이때 '잊혀 질 권리'란 곧 감시와 셋팅화된 네트워크 밖으로의 탈출을 의미한다. '출생이전의 없음'의 세계란 곧 문자 이전의 세계인 문명 이전의 세계를 표상한다. 이러한 시적 화자의 열망과 의지는 인간을 구속하고 기계로 부속품화하는 문명의 폭력성을 날카롭게 직시하고 있다.

언제였던가 그가 누구인지 몰랐던
어느 청명한 늦은 봄
신록이 한창인 숲속 어디선가
시냇물같은 맑은 소리로 그가 다가왔다
'홀딱 벗고' '홀딱 벗고'

'홀딱 벗고' '홀딱 벗고'
그 지저귐이 들려오면
위선僞善의 탈을 벗고
태초의 모습으로 돌아가라는 거겠지
선문답하듯 침묵했지만

'홀딱 벗고' '홀딱 벗고'
그 울음이 계속되면서는
늙어 홀로 떨고 있을
나목裸木을 떠올리게 하고
멀리 있는 아련한 슬픔으로 스며들었다

'홀딱벗고' '홀딱 벗고'
부르는 소리는 여전한데
아마도 내가 알지 못하는 시간의 틈새에서
어느새 가버린 인연있던 누군가가
나를 찾아오는 것은 아닐까
나는 독한 주술에 걸리고 말았다

―「검은등뻐꾸기에 관한 명상瞑想」

비 내리는 보도를 비에 젖어/ 황급히 옆으로 뛰어 지나가는// 붐비는 전철에서 뒷모습만 보이고/ 느닷없이 내려버리는// 고층빌딩 엘리베이터 눈밖으로/ 불쑥 머리카락만을 보이고 닫혀지는// 새벽 깨어나기 직전 꿈속에서/ 찰나刹那의 얼굴을 내보이는// 슈퍼문의 빰에 짙은 응달을 드리우고/ 구름속으로 표정이 사라지는// 내 무의식의 세계속/ 예기치 못한 순간에 나타났다가/ 홀연

히 사라지는/ 미망未忘의 카메오는/ 세월과 상관없이 오직 한 사람이다

—「카메오cameo」전체

시적 화자가 문명의 은폐된 폭력성에 대한 자각과 더불어 내면의 힘과 의지를 다시 복원해내는 시도는 내면에서 독한 주술을 쏟아내는 '그'의 발견을 통해서이다. 그렇다면 '그'는 누구인가? '그'는 숲속의 '검은등뻐꾸기' 울음소리로 형상화하고 있다. '그'는 봄날 신록이 무성한 숲속에 있다. 또한 '시냇물같은 맑은 소리'로 다가와 시적 화자에게 '독한 주술'처럼 '울음'을 전하고 있다. '그' 울음소리는 시적 화자에게 '홀딱 벗고' '태초'의 이전 즉 나목裸木처럼 문명의 허울을 벗고 돌아가라고 끊임없이 되뇌고 있다. 태초의 시간으로 홀딱 벗고 가라는 목소리의 '그'는 곧 시적 화자로 하여 문명이전의 원시의 야생성으로 돌아가라는 전언과 같다. 문명의 대척점에서 들려오는 새의 울음소리란 곧 시적 화자의 내면의 목소리이기도 하다. 굴욕적으로 고개를 숙일 수밖에 없는 현실에서 시적 화자의 자존 회복 시도의 징조라 할 수 있다.

'카메오cameo'란 시에서도 '그'의 모습이 나타나고 있다. 이때 '그'는 시적 화자의 외부에 있던 존재가 아니다. 예감의 감각적 행위의 주체인 '그'는 카메오cameo처럼 시적 화자에게 그림자처럼 달라붙어 있던 존재였다. 자기 응시를 통해 발견하는 '그'는 '비

내리는 보도를 비에 젖어/ 황급히 옆으로 뛰어 지나가는' 자이며, '새벽 깨어나기 직전 꿈속에서/ 찰나刹那의 얼굴을 내보이는' 자이다. 더 나아가 '슈퍼문의 뺨에 짙은 응달을 드리우고/ 구름속으로 표정이 사라지는' 우주까지 확장되는 영원성의 실체이다. '그'는 '모든 물체에 靈이' 있다는 잉카인의 믿음처럼 무의식적으로 시적 화자의 내면에 엉켜있던 '찰나刹那의 얼굴'과도 같은 것이다. 문명의 힘이 굴복시키지 못하는 근원적인 영적인 힘과 목소리임을 알 수 있다.

수만 년 쌓인 빙하의 틈이
눈雪에 반사하는 빛의 무게만큼 조금씩 부서졌다

레이니에 산 정상부근의 능선에서
처음 눈길의 균열에 부닥쳤을 때
내심 그 정도는 건너뛰어야지 하면서도
결국 2미터의 긴장을 뛰어넘지 못했다

뛰어오르면 그대로 공중에서 정지할 것 같은
그 가늠할 수 없는 추락의 끝에는 무엇이 있을까
수만 년의 얼음이 단층을 이룬
아득한 적막의 나락에는

부패되지 않은 그 옛날의 세월들이
따로 살고 있는 건 아닐까
큰 소리로 부르면 암흑의 저편에서
수만 년 동안 잠들었던 목소리가 깨어나 반향하고
잊혀진 공룡의 얼음속 화석처럼, 누군가
녹혀 줄 날을 기다리고 있을지도 모른다

그후로도 오랫동안 그 순간 이상
칼날 위에 선 고독을 마주한 적 없었으니
살아간다는 건 무의식의 틈을 건너는
우연의 연속이라는 걸 그때는 알지 못했다

—「크레바스crevasse」 전문

시적 화자는 미국 워싱톤주 소재 국립공원인 '레이니에 산 정상 부근'의 '크레바스'에서 삶과 죽음의 경계를 체험하고 있다. 시적 화자는 삶과 죽음의 경계선을 목도하면서 '수만 년의 얼음이 단층을 이룬/ 아득한 적막의 나락' 속에서 온몸으로 예감했던 '수만 년 동안 잠들었던 목소리'를 다시 마주하고 있다. 시적 화자는 우주적으로 확장되는 영원성을 지닌 목소리와의 조우를 통해 '칼날 위에 선 고독'과 같은 목소리의 반향과 부활을 염원하고 있다.

이와 같이 박수중의 3시집에서 시적 화자가 물질문명으로 타락한 세계를 구원하는 방식은 거대한 자연의 힘을 통해서이다. '블랙홀이 부딪치거나 초신성이 폭발하는 파장'으로 '내가 사는 행성의/ 한 귀퉁이와 흐르는 시간이/ 갑자기 휘어져 뒤엉'켜 '광속으로 앞서가던/ 그 옛날 그리운 이들의 빛과/ 상상도 못한/ 만남'(「중력파重力波 소고小考」 부분)을 희망하고 있다. '미지未知와의 조우遭遇'는 곧 물질문명으로 거세된 목소리를 발견하는 힘이기 때문이다. 이와 같이 박수중의 이번 시집은 문명 비판적인 시선을 통해 생명력의 가치가 실현되며 우주와 소통하는 세계로의 환원을 지향하고 있다.

미네르바시선 35
크레바스

편집 기획 **미네르바**
주소 03131 서울특별시 종로구 율곡로6길 36 오피스텔월드 802호
전화번호 02-2264-4530 팩시밀리 02-2274-5253
전자우편 minerva21@hanmail.net

펴낸곳 도서출판 지혜 펴낸이 반송림
지은이 박수중
초판 인쇄 2016년 5월 25일 초판 발행 2016년 5월 25일
편집 디자인 김지호
주소 34624 대전광역시 동구 선화로 203-1 2층 도서출판 지혜 (삼성동)
대표전화 042-625-1140 팩시밀리 042-627-1140
애지카페 cafe.daum.net/ejiliterature 전자우편 ejisarang@hanmail.net

ISBN 979-11-5728-186-2 03810